가까이서
야하게 빛나는 건 별이 아니다

객토문학동인 제15집

가까이서 야하게 빛나는 건 별이 아니다

2019년 7월 20일 초판 1쇄 발행

지은이 김성대 노민영 박덕선 배재운 이규석
이상호 정은호 최상해 표성배 허영옥

펴낸이 라문석

편 집 장상호

펴낸곳 도서출판 두엄

등록번호 제03-01-503호

주소 41969 대구광역시 중구 명륜로 12길 21

전화 053-423-2214

메일 dueum@hanmail.net

ISBN 978-89-85645-80-5 03810

*이 시집은 경남문화예술진흥원에서 제작비를 지원 받았습니다.

이 도서의 국립중앙도서관 출판예정도서목록(CIP)은 서지정보유통지원시스템 홈페이지(http://seoji.nl.go.kr)와 국가자료공동목록시스템(http://www.nl.go.kr/kolisnet)에서 이용하실 수 있습니다. (CIP제어번호 : 2019026558)

객토문학동인 제15집

가까이서
야하게 빛나는 건 별이 아니다

김성대 노민영 박덕선 배재운 이규석
이상호 정은호 최상해 표성배 허영옥

두엄

■ 15집을 내며

'타성에 젖는다.', '타성에 빠진다.'라는 말을 곰곰 생각하며, 동인지 15집을 선보입니다.

기획 시집 두 권을 포함하면 열일곱 번째가 됩니다. 지금까지 동인지를 만들면서 동인들과 머리를 맞대고, 삶과 문학이 하나라는 '삶의 문학'을 지향했지만, 결과물을 놓고 보면 부끄럽습니다.

동인들 삶이 팍팍해서 그렇다는 말은 하지 않겠습니다. 시를 쓰는 이유를 그곳에서 찾고 있지 않기 때문입니다. 사람은 습관대로 행동하면 편안합니다. 그것을 바꾸려면 힘이 들고 엄청난 노력 또한 필요하게 됩니다. 그래서 '세 살 버릇 여든까지 간다.'는 말이 생겼겠지요. 올해 동인지를 준비하면서 우리는 타성에 젖지 않았는지 반성해 봅니다.

삶과 문학, 삶의 문학은 '객토'가 지향해 온 바입니다. 하지만 갈수록 삶의 시들이 시들해지고 있습니다. 그렇다고 시대를 향해 목소리만 높은 작품을 생산하자는 것은 아닙니다. 현장에, 현실에서 눈을 떼지는 말아야겠습니다. 그래서 이번 동인지 기획 주제를 '가짜뉴스'로 잡았습니다. 시와 짧은 산문을 통해 가짜뉴스의 병폐를 짚어 내고자 합니다.

하루가 멀다고 가짜뉴스가 생산되고 있습니다. 가짜뉴스는 누군가 의도적으로 생산하고 퍼뜨리는 경우가 대부분입니다. 자신의 정치적 목적을 달성하기 위해 지지자들을 중심으로 왜곡된 정보를 진짜인 양 퍼뜨리는 경우가 대부분입니다. 그렇게 생산된 정보는 유명 정치인의 입을 통해 재생산되고 확대되어 진실인 양 많은 사람의 판단을 흐리게 만드는 데 일조하고 있습니다. 이러한 가짜뉴스가 왜 생산되고, 퍼뜨려지는지 가짜뉴스를 없애는 대안은 없는지 동인들이 머리를 맞대 보았습니다. 그러나 한계는 뚜렷합니다.

이번 동인지에는 경남 작가에서 활동하는 김성대 시인의 작품을 함께 선보입니다. 기존 동인들에게 활력이 되기를 기대합니다. 나아가 시를 쓰면서 타성에 젖지 않고 처음 마음 그대로 삶의 시를 써낼 수 있도록 동인들은 끊임없이 노력할 것입니다.

2019년 7월

— 객토문학동인

차례

제2부
시와 삶, 삶과 시

제3부
가까이서 야하게 빛나는 건 별이 아니다

제1부

가짜뉴스

언제 우리끼리 잘살아 보겠습니꺼

쌀값이 어마하게 올랐다고 난린데
북한에 쌀을 억수로 퍼주어서 그랬다 카던데예
다 문재인 때문이라 캅니더

머라카노 올해 벼 재배 면적이 줄고
정부가 쌀을 더 사들여서 그렇다고
팩트 체큰가 하는데도 나왔던데

북한 석탄과 쌀을 바꿨다 카던데예
그라모 그 모꼬 대북 제재가 없어진기가
트럼프와 만나고 하더마는
없어지긴 머가 없어져
미국 놈들이 눈 시퍼렇게 뜨고 있는데 택도 없다 아입니꺼
아직 금강산도 못 가고 개성공단도 못 가는데

그래 그러면 그렇지
언제 쌀과 광물을 서로 바꿔 먹으면서
여봐란듯이 우리끼리 잘살아 보겠노

그래도 아는 사람은 다 알겄제
우리끼리 뭉쳐야한다는 걸
바다도 알고 하늘도 다 알겄제

국가보안법은 죽었다

막걸리 마시다 술김에
대통령 욕했다고
쥐도 새도 모르게 잡혀갔던 시절이 있었다
하물며 북이 더 자주적인 나라라든지
대통령이 독재자라든지
이런 말을 어떻게 할 수가 있었겠는가

독재자의 후예들은 잘 알고 있다
세상이 바뀌었다는 것을
대통령을 욕해도 잡혀가지 않는다는 것을
그들은 먼저 실천하고 있다
나아가 청와대를 폭파시키자 고도 한다
이제 정말 국가보안법은 죽었다

막걸리 한 사발에
반공법에 긴급조치 9호 위반에
평생을 빨갱이로 찍혀 살았던 사람들이 들으면
내란 선동에 국기문란 죄에 해당하지만

아무도 잡혀 가는 사람이 없다

국가보안법이라는
시퍼런 칼을 밤낮 휘두르던 망나니들이
스스로 칼집에 칼을 꼽고 있다

인간 디도스* 공격

갑자기
사람들 생각이 긴가민가 흐려진다.
소통이 끊긴다.
진실에 암호가 걸리고 분석이 맴도는 중이다.
이상한 글이 써지고 이야기가 펴진다.
저장된 원칙이 변경되거나 뒤바뀐다.

악성코드라는 막말과 가짜뉴스가 주입되었다.
가공한 데이터가 동시 다량 침투한다.
맹종자들 판단코드가 감염이 되었다.
눈이 뒤집어진 좀비가 좀비를 생산한다.
멀쩡한 사이가 예의를 벗어난 투쟁을 한다.
나라가 비방과 욕설과 억지로 부패되어 간다.
잠복기에 의존 할 뿐 백신이 없다.

장외투쟁으로 국회장기파행이 도를 넘었다.
국민들에게 민주서비스가 거부되었다.
국민의 정당한 권익을 방해받았다.

이제

전원코드를 뽑고 재부팅을 해야 할 시점이다.

소프트웨어를 교체하고 하드웨어를 초기화 할 때다.

* 디도스(DDoS)는 분산 서비스 거부 공격, 즉 여러 대의 컴퓨터가 특정 사이트를 마비시키려고 한꺼번에 공격을 가하는 해킹 수법이다. 목적은 특정 컴퓨터의 자료를 훔치거나 삭제하기 보다는 정당한 신호를 받지 못하도록 방해하는 분산서비스를 거부하는 데 있다. 악성코드에 감염된 여러 대의 컴퓨터가 특정 사이트를 공격하는 데 쓰이는데 이런 컴퓨터를 좀비PC라 부른다.

그럴싸한 이유

갑자기
눈앞에 먹을 것이 툭 떨어진다.
지나가는데
공짜로 먹을 것을 선 듯 내어준다.
무료시식 같은 밑밥이
불특정다수가 몰려들 만한 곳에 무제한으로 뿌려진다.

그 자리에
개가 있어도
한번쯤은 냄새를 맡으며 주변을 둘러 볼 것이다.
물고기가 지나가도
낚시 바늘을 조심하며 입질을 할 것이다.

무료시식코너를 지나는 아이가
엄마에게 먹어도 되냐고 물어본다.

엄마는 점원의 눈치를 보며
아이 손을 끌며 지나친다.

덥석 무는 순간
바늘 끝이라도 닿는다면 뿌리치지 못할지도 모를 일
세상에 그럴싸하게 보이는 것은
그럴 만한 이유가 있다.

삼인성호

태백산에 호랑이가 나타났대!
진짜? 말도 안 돼. 사라진 지가 언젠데
진짜야. 뉴스에 났어.
그게 말야 북한에서 내려왔대
더 말도 안 돼.
휴전선을 어떻게 넘어오는데?
그게 사실은 김정은이
문재인과 밀통해서 공동경비구역으로 보냈대!
뉴스가 거짓말하겠어?
그 호랑이 배 속에는 탐지기가 장착되어 있대
남한의 비밀기지를 염탐해서 적화통일하려고 한대

거짓말, 그 호랑이 본 사람 있어?
그럼! 광화문에서 시위하는 할아버지가 사진도 갖고 있어
그 사람들이 봤다는데
김정은과 문재인이 호랑이를 부대로 키우고 있대

서울 사람들은 모르는 사람이 없대

나경원이 그래서 문재인을 수석대변인이라고 하지 않았을까?

이번에 강원도 불난 것도 남쪽보다 북쪽을 먼저 끄라고 했다잖아
조선 TV가 한 말인데 거짓말이겠어?

태백산 호랑이는 그렇게 탄생했다.
아무도 본 사람 없어도 호랑이는 있다.
광주에 북한 간첩이 사주해서 시민군을 만들었다는 말도
뉴스에 났으니까 그렇게 되었다.

뉴스는 팩트만 전달하니까 무조건 맞다고 본다.
그것이 가짜뉴스의 팩트이다.

맞춤 뇌우스

오늘 낮 한 할머니가 밀주 단속반을 향해
뜨신 밥 먹고 웬 쉰 소리냐?고
구정물 바가지 뿌리며 내쫓아서 연행이 되었다고 합니다.

할머니는 우리 집에는 술 먹는 사람도 없고
법이 하지 말라는 것은 한 적이 없다며 노발대발했는데
단속반은 이 집이 밀 농사를 짓고 있고
사립문 밖으로 누룩 냄새가 났으며,
며느리가 이고 가는 물동이도 술동이와 같기 때문에
분명히 밀주를 담는 집이라고 주장했습니다.

마을 사람들은 그 집은 술을 안 먹어서 밀주를 담을 일이 없다고
증언했지만, 단속 대상 마을로 지정된 이상 밀주 제조자는 있어야 한다.
원칙은 어긋날 수 없으며 단속반들은 틀린 적이 없다고 주장합니다.

이 마을이 새마을이 되기 위해서는 자진해서 반성하고
양조장 외에는 밀 농사를 짓지 말고, 물동이는 플라스틱으로 바꾸고
누룩을 만들다 들키면 밀주제조자로 등록 될 테니 그리 알라고
이장이 방송을 하고, 할머니는 술 취한 듯 붉은 얼굴로 비틀거리며
지서를 나섰다고 합니다.

이 행동과 사실로 보아 할머니는 밀주제조자가 맞는다는 것을 증명합니다.
이 할머니 때문에 이 마을은 밀주 제조 마을로 지정되어
한 달 동안 밀가루와 우유 원조를 끊겠다고 면장이 발표했습니다.

면장은 양조장 사장님한테 깊이 사과하고
지서장님과 세 유지가 만나서 만찬의 밤을 가졌다고 합니다.

택배 왔습니다

전화기가 울리고
대문 앞 벨이 울린다
하루에도 몇 번을
반복되는 일상처럼
잘나가는 유명 스타 쇼 호스트들
멋진 포즈와 살살 녹는 말솜씨에
혹 하고 내지르는 탄성에 화답하듯
내일이면
대문 앞 벨이 또 울릴 것이다
조기 갈치 고등어 전복
양말 속옷 잠옷 구두 가방 코트
김치 젓갈 양념게장 곰탕 육개장
자질 구레한 잡화에서 시계 보석 고급가구까지
곧 매진이라는 환한 얼굴과
장사 안 된다는
공친다는 부림시장 옷가게의 원망과
어시장 할매의 한숨이 베인
벨이

일상처럼 울릴 것이다
사상 최대의 불경기란 수식어에 가려
원인도 영문도 모르는 채
거대 자본들이 꽂아놓은 빨대에
단물 빠진
껍데기만 남은 골목 시장
희망 없는 원망과 한숨이 녹아있는
곱게 포장된 택배가
반갑게 내 집으로 찾아올 것이다

아름다운 선물

종말론이 가고 나니
부활의 시대가 오는가
총살당했다 하던
북쪽의 현송월 김영철
다시 살아나
남북을 활보하네
남쪽 신문은
요란하게 그들을 죽였고
부활한 그들은
조용히 일등보수이란 이름 위에
일등 가짜라는
아름다운 명패를 달아주네

야바위

가짜는
남을 속여야할 이유가 있다

숨기고 싶은 죄 들통이 두려운 것인지
알량한 권력의 맛 누리고 싶은 것인지
남이 잘되는 꼴을 볼 수 없는 것인지

마르고 닳도록 써먹고 써먹어
이젠 곰팡이 냄새나는 그 수법
"요새 부산 경주 고성 등 전국에서 왜 불이 자주 나는지 아냐 이번 베트남 하노이에서 김정은과 트럼프와의 회담이 결렬되었잖아 그게 문재인이 중재를 잘못해 그렇게 되었다고 북한이 간첩을 내려 보내 불을 질렀다 카더라 니 몰랐제"

참새도 허수아비가
가짜인 줄 아는 이 시대
아직도
빨갱이가 종북이 만병통치약인 줄 안다

소문

말을 꼬아서
선량한 공무원을 간첩으로 조작하고
민주를 위한 열정적 모임은
사회전복을 도모하는 좌익 종북으로 엮어
진짜같이 만드는 사람 있다

불 지피지 않는 굴뚝에
만들어낸 그 연기처럼
확인 않고 여과 없이
무심코 내뱉을 때마다 굴절되고
의도적 악의를 품고
입에서 입으로 전염된 말

골목을 돌아오는 동안
한껏 부풀려 바람을 탄 풍선같이
입방아로 두둥실 떠오른 저 가짜
진실의 힘에 뻥 터지는 순간
펼쳐지는 현수막 하나

“나는 사람의 탈을 쓴 모리배이다”

동굴 속 같은 세상

야간 자율학습 마치고 온 아들
들어서자마자 한마디 한다

"인터넷방송에서 난리 났어요. 우리가 이때까지 사실이라고 믿었는데 다 거짓말이래요."

—여섯명이 팀을 이뤄 방송하는 곳에서 관리자가 두 명을 퇴출시켰는데, 인원 조작으로 방송금지를 시킨 것으로 믿었단다. 하지만 관리자가 자신과 친한 사람들을 도와주기 위해 거짓말했다는 사실이 밝혀졌다며, 자신처럼 믿었던 사람들이 항의를 하고 있다고 가방도 놓기 전에 숨 가쁘다—

아들은
자신들만의 공간에서
다수가 사실이라고 믿어
자신도 믿었다는 말만 되풀이한다

SNS 상이나 언론에서 반복되는

동굴의 비유

참 세상을 보지 못하고
참 세상인 것처럼 만들어 가는

참이라고 믿은 거짓이
참 거짓이 될 때
아들이 살아가는 세상은 어디에 서 있을까

문 닫힌 아들의 방이
가짜의 정보로 가득한
동굴 속 같아 불안하다

앵무새

1층 식당 주인이 대뜸 한마디 한다

왜 박 전 대통령 안 풀어 주냐?

죄가 있으니 안 풀어 주겠지요.

우리 대통령이 뭔 죄가 있냐, 최순실이가 다 해먹었지!

가만히 듣다 보니
보수 언론에서 나오는 이야기들

원하는 것만 듣고
생각하는 것만 인정하는
감정

또 감성 팔이로
거짓을 사실인양 꾸미고
재생산해 나가는 언론

눈 감고 귀 막고
오롯이 하나만 기억하고
하나만 이야기 하는
앵무새 같은

김문수의 일갈

개폐기 폭발로 추정되는 산불이 났는데 김문수 전 경기도지사는 문재인 정부 탓으로 돌리고 있네, 봄바람이 강풍이라 산도 집도 다 태우고 이재민들 피해가 이만저만이 아니라는데 "촛불 정부인 줄 알았더니 산불 정부"라고 촛불혁명과 산불이 무슨 상관이라고 설레발이네

"촛불 좋아하더니 온 나라에 산불, 온 국민은 홧병"이라고 주장하네. "무능한 문재인 대통령, 엉뚱한 적폐청산 놀음에 2년 허송세월하다가 산도들도 집도 다 태워버린다"고 야단이네

심지어 경북 영천 어디 자기 동네 뒷산에 산불 난 것도 문재인 탓이라고, 산불이 휴전선과 인접하여 "남북협력해서 산불 대처하라고 한 것을 종북 본성 버리지 못하고 있다"고, 유언비어를 퍼뜨리네

한 번도 겪어보지 못한 대형 산불인데도 신속하게 체계적으로 대응하여 하루 만에 진화했는데도 "초동대처가 왜

중요한지? 물이 얼마나 귀한지? 박근혜, 이명박 전 대통령보다 더 한심한 자신을 돌아보기 바란다"고 역대급 헛방 일갈이네

정보의 덫을 놓는 괴물들

5·18은 민주주의를 지켜낸 시민혁명이야
누가 그래?
북파 간첩이 개입했다는 데, 사진도 있다는데
이 사람아 신성한 시민혁명을 두고 무슨! 모독이야
시민혁명은 개뿔,
빨갱이들 천국이었다는데
인두겁을 쓰고 어떻게 그런 말을 할 수 있지
육군사관학교 졸업에 군사 평론가인 지만원이 알지
그 사람이 없는 말 하겠어
글고 김진태 이종명 김순례가 알지
맹색이 대한민국 국회의원이야

세월호 유족들을 두고
'세금을 축내는 괴물' 이라느니
'전두환을 영웅' 이라느니 하는 그들,
그들은 국회의원도 아니고
군사 평론가도 아니고 괴물이야
진짜 괴물!'

곰팡이

한번 읽어보세요
중요한 거예요
가능하면 많이 퍼뜨려주세요
처음 누가 보냈는지는 상관없는
지금 나에게 절실해 보이는,
그럴듯한 문자가 하루에도 몇 통씩 배달된다

시키는 대로 하고 나면
뭔가 보람찬 일을 한 것처럼 뿌듯하고
나도 모르게 같은 길을 걷고 있는
동지가 된 듯한

사방으로 날아가
누군가의 가슴에 못을 박을지
누군가의 목을 조이는지 알 수 없는
어떤 의도성

애써 찾아내고 흔적들을 지우고

약을 발라 사그라들 때까지 기다려도
불쑥불쑥 고개를 내미는 가짜뉴스
그 피해를 어떻게 환산 할 수 있을까

몇 년 전 미국 대선 기간부터 본격으로
논의되었다는 가짜뉴스
야금야금 녹슬다 보면
통째 녹슨다는 것을 나는 아직 모른다

확증편향*

전자레인지 없는 집이 없어요
여전히 잘 팔리고 있고 이제는 필수품입니다
그런데 문자를 보고 깜짝 놀랐지 뭡니까

"물 데우면 발암물질 생긴다"
"열 명에만 전달하세요"

믿을 수 없어 바로 검색해 보니
"전자레인지로 물을 끓이거나 음식을 익히면 분자 구조가 바뀌어 발암물질이 생긴다", "물을 전자레인지로 데운 뒤 식혀서 식물에 줬더니 열흘 만에 죽었다"
학술 논문도 있다는데 대기업이 은폐한다는데 이건 정말 확실하네요

그래도 의심을 해야 한다고요? 논문이 있다는데, 검색하니 바로 나오는데, 대기업이 거짓말을 하겠습니까?

단체카톡방 몇 군데 날리고 나니 뿌듯합니다

* 확증편향은 자신의 가치관, 신념, 판단, 따위와 부합하는 정보에만 주목하고 그 외의 정보는 무시하는 사고방식.

그들도 나처럼

가짜뉴스도 만드는 공장*이 있다는데, 그곳에서 일하는 노동자도 주 52시간 노동시간을 지킬까 한 푼이라도 더 벌려고 반장 눈치를 보던 시절처럼 가짜뉴스를 한 개라도 더 생산하기 위해 벌겋게 충혈된 두 눈으로 새벽을 맞을까 자기가 만든 제품이 어디서 어떻게 쓰일까 생각도 없이 일했던 나처럼 그들도 주어진 일에만 열중할까 내가 만든 제품이 아이들 건강을 해치고 환경을 파괴하고 심지어 폭탄처럼 목숨을 빼앗을 수도 있다는 것을 내가 몰랐던 것처럼 그들도 그들이 생산한 제품으로 인해 누군가의 삶이 파탄 나고 심지어 삶을 포기하는 이들이 있다는 것을 알까 오직 먹고 살기 위해 아이들 앞날을 위해 부모님의 노후를 위해 일했던 나처럼 그들도 그런 생각으로 가짜가 아니라 진짜라 믿고 라인 앞에 서 있을까

*가짜뉴스 공장의 실체 "극우 기독교단체 에스더"… 박근혜 대선 도와 2018년 10월 1일 방송된 tbs 라디오 '김어준의 뉴스공장' 3부에서는 한겨레 김완 기자가 출연하여 "가짜뉴스의 출처들을 추적해 보니 에스더라는 개신교 단체였다"며 "에스더 홈페이지에 게시된 글들이 가짜뉴스의 출발점"이라고 말했다

정치인의 입

가짜뉴스가 어떻게 진짜처럼 둔갑하는지는 그동안 많은 사례가 있었기 때문에 어느 정도 알 수 있습니다. 이번 사례들을 봐도 정치권이 한몫하고 있다는 점을 분명히 파악할 수 있습니다. 오래 걸리지 않고 한 바퀴만 돌면 진짜가 돼버리는 과정 한 번 보시겠습니다.

강원 산불 늑장 대처 문재인 행불 5시간 술 마셨나?

4월 5일 유튜브 '신의 한 수' 입니다. — "술을 많이 먹어서 숙취가 있어서 못 나온 거, 이런 것에 대해서…"

나흘 뒤 '조원진 대한애국당 의원' 입니다. — "왜 VIP가 0시 20분에 회의에 참석합니까? 술 취해 계셨어요?"

4월 6일 유튜브 '진성호 방송' 입니다. - "문재인 대통령은 산불이 일어난 지 만 5시간이 지난 뒤에야 공식적으로 모습을 드러냈다는 겁니다"

사흘 뒤 '국회 행정안정위원회 안상수 자유한국당 의원' 입니다. — "0시 20분이에요. 이것이 이제 화재 발생 후의 5시간 후입니다"

이처럼 일부 정치인 발언 뒤 더 급속히 퍼지는 가짜뉴스를 확인할 수 있습니다.

4월 9일 '손상대 TV' 에서는 — "문재인이 술 마시다 화재 대응 제대로 못 했다는…" 이렇게 팩트가 되어 나옵니다.

다음은 조양호 회장 별세 가짜뉴스도 마찬가지입니다.

조양호 문 정권이 죽인 것 아닌가?

4월 8일 유튜브 '정규재 TV' 입니다. — "조양호 회장의 사망은 결국 문 정권의 잘못된 정책이 조양호 회장을 죽인 것이다"

다음날 '자유한국당 원내 대책 회의 나경원 자유한국당 원내대표' 입니다. — "어제의 부고에 적지 않은 충격을 느끼고 있습니다. 문재인 정권하의 기업의 수난사 익히 아실 것입니다."

같은 날 '자유한국당 토론회 김무성 자유한국당 의원' 입니다. — "문재인 정부가 압수수색을 18번씩이나 하는 과도한 괴롭힘이 결국 고인을 빨리 죽게 만들었습니다."

이처럼 온라인 가짜뉴스는 정치인의 입을 빌려 타고 어느새 '팩트'가 됩니다.

(4월 11일 JTBC 뉴스룸)

그렇습니다

박정희가 반신반인이 된 것도 한순간입니다

개도 물어가지 않는

마당발 과시 위한
가짜 하객
빵빵한 재력 가진 척
가짜 부모
공짜 혜택 볼 수 있는
가짜 자식까지

어른 아이 할 것 없이
언제나 뒤차 타는
진실은 힘이 없어
아니, 관심 없어
포장이 화려해야 주목받고
약삭빨라야 더 잘 살아

설 자리 잃어버린
진실
개도 물어가지 않는

알면서도

탱탱하고 예쁜 여배우가 광고하는

노화 방지 화장품, 나도 샀다

이제 나는 늙지 않는다

제2부

시와 삶, 삶과 시

나의 길

나이를 물으면 모르겠네
쉰다섯인지 여섯인지
날마다 잊고 잃어버리네

지난 팔십 년대, 전태일이
빛고을 광주가 유월의 노래가 등댓불이 되어
여기로 오게 했네

노동의 시간은 짧고
때는 소나기 맞은 바람처럼 흘러
지나온 길을 돌아보곤 하네

언제나 따뜻한 사람이 그리웠고
사람이 사람답게 사는 공장이 그리웠고
남북으로 갈라진 한민족이
함께 사는 날이 늘 그립다네

아직 갈 길은 멀고 멀어
오늘도 숲길을 걸으며 멀리 바다를 보네

괭이 바다

오늘 괭이 바다로 간다
1950년 일천육백여든하나의 생명이
학살당한 곳
이승만 정권의 국가 공권력이 저지른
학살의 현장
푸른 파도 너머 갈매기 울음마저
곡소리로 들리는 괭이바다
죽임을 당한 이들의 넋을 달래는
살풀이 춤사위가 더 슬프구나
얼굴도 보지 못한 아버지께 띄우는 편지가
파도 소리마저 잠재우는 한낮
분단된 조국의 현실 앞에
전쟁이 아니라 평화를 외치는 이들의
목소리가 퍼져가는
푸른 괭이 바다
오늘 우리는 국화꽃 한 송이
바다에 던지러 온 것이 아니다

* 이승만 정권은 1950년 6~9월 사이 당시 마산형무소에 구금되어 있었던 독립운동가와 보도연맹원 등 1,681명을 재판 과정 없이 학살했고, 이들 가운데 일부가 마산 구산면 괭이 바다에 수장되었다.

봄 색시, 나의 모든 것을 바칩니다

푸른 개미자리도 하얀 꽃을 피워냈다

제비꽃도 보랏빛이 선명하고

처음 당신을 만났던 때처럼

꽃마리가 햇살 아래 앙증맞게 앉아있다

그러고 보니 아침저녁 당신을 보면서도

당신을 잊고 있었네

오늘은 무슨 일 있어도 냉이꽃을 보내야겠다

휠체어를 타고

비보호 표지판을 단 노란 점멸 신호등

밤이고 낮이고 뛰는 맥박이 숨 가쁘다

기회와 틈이 얄팍한

보호가 담보되지 않은 구역

그 살얼음판 같은 횡단보도 앞에서

좌우 눈알을 굴려 보지만

점멸 신호등보다 먼저 숨이 차오른다

비보호

바람에 날던 하얀 비닐 조각이
며칠째 비보호 신호등 버팀 쇠줄에 걸려 버티더니
오늘은 목맨 듯 축 처져 꿈쩍 않고 있다

이 공장 저 공장을 전전하던 친구 영식이
이번 모임에도 못 온다며 미안하다는 연락이 왔다

요즘 공장에서 먹고 자고 일한단다
그렇게라도 목을 걸고 있으니 다행 아니냐고

계 모임 가는 길
오늘따라 비보호 점멸등이 맥없이 뛰는 것 같다

첫눈 내리던 날

첫 딸을 얻던 그 날처럼
서울 하늘에 첫눈이 내린다는 예보다

열아홉 작은 키만큼이나 애처로운
고사리 같은 손으로
기어이 제 앞가림하겠다고 간 객지
첫눈이 내린다니 문자를 보내본다

"딸아
네가 태어나던 날처럼 눈이 내린다니
네가 태어난 만큼 좋은 일이 있기를 빌어본다"

밤새 쌓이고 있을 눈만큼이나
초롱초롱 깊어가는 밤
새벽이 다 가도록 잠이 오지 않는다

어쩌면 힘내라는 말도 혹독하다 싶어
보낸 문자를 거두고 싶은 밤이다

아버지

단단하고 무겁게 한 자리를 지키고 싶었다.

외풍에도 끄떡없이 늘 든든하게 서 있고 싶었다.

식솔들 바람을 층층이 이고

기울지도 흔들리지도 말고 변함없이 오래오래 버티고 싶었다.

지반이 내려앉을 때마다 몸의 균형을 잡느라

남모르게 흔들리기도 하는 돌탑 같은 그 자리

귀향

산골은 온통 폐허였다

피난 갔다 돌아오는 마을 사람을 맞은 건
몇 마리 남지 않은 소뿐이었다

숨이 차오르도록 몸을 부려도
풀어준 고삐를 찾아
제 발로 돌아오는 길든 본능

소에게도 전쟁보다 더한 막막함은
살길을 찾는 것이었는지 모른다.

유월, 옥수수 익는 밤

칠흑 같은 유월 그믐밤에 올챙이 떼 노니는 논 뜰에
개구리울음 낭자하고 머얼리 고라니
숫총각 수염 같은 옥수수 따려다가 덫에 걸렸는지 간헐적 울음 절절한데
성지 골 기슭 외딴집 승환아저씨 잠 못 드는 밤
시끄럽다고 고함을 치다가 모자랐는지 째쟁쟁 세숫대야를 두드리나보다

양철 소리 고함소리 뒤섞인 산 숲에 고라니 비명
캐애캑, 이 숲의 주인이 누구냐고 묻는다

형광등 불빛 드높이 세퍼트 몰고 성지 골을 침범한 건 승환아저씨
어둠을 찢고 양철소리 드높은 저리 가라는 고함은 이내
고라니 절박한 울음 속에 묻혀버린다.

이도 저도 아닌 구경꾼이 되어버린 나는 개구리처럼 와랑와랑
고라니 걱정에 밤을 새운다.

너의 둥지

불면을 잊으려고 생각을 자꾸 밀어내는데
생각이 생각을 끌어다 달팽이관에 부려놓고
아무리 불러도 나오지 못하는 너를 따라
그만 내일에 닿고 말았다.

잠이 빚쟁이처럼 보채서 어쩔 수 없이
동자 속으로 너를 밀어 넣고 깊이 감아보는데

부채상환 독촉장을 한입 물고 아슬한 우편함
고양이 걸음으로 걸어 들어오는 물품 대금 고지서
안락한 침대 출렁이며 이불 밑까지 찾아든 휴대폰 불빛

잠과 잠 사이에 네가 끼여서
커피 같은 어둠을 밀어내는 밤

웬 잠이 이리도 희냐!

유월, 푸르러 더 섧다

대답 없는 아버지
이름 석 자 하늘에 걸어봅니다.
갈매기는 보았을까요. 그날의 당신을
산산곡곡에 희디흰 찔레꽃 피어서
황망히 가시는 길 배웅이라도 했을까요.

괭이바다,
당신의 원혼 파도치며 죄 없는 골짜기 헤맬 때
갈매기 서러운 울음 같은 유월이 또 왔습니다.
해마다 유월은 왔지만,
당신은 영혼도 자존도 흔적이 없습니다.

잠시 다녀오마, 못자리 깔던 흙손, 무심히 털던 발걸음
죄 없는 눈동자를 향해 총화를 뿜은 그들이
우리 대통령, 우리 면소 우리 지서 우리 국군이었습니다.
제 백성의 목숨을 낙엽처럼 버린 그들의 법에게
오늘은 이 오욕의 세월과 연좌제 올가미의 한과
피울음의 소장을 올립니다.

용서한 번 빌지 않는 저들의 심장에
괭이바다 서러운 눈물을 보냅니다.
님들이 뿌린 피의 꽃으로 얻은
정의와 평화를 위한 노래를 바칩니다.

이제 아버지를 위해 울지 않으렵니다.
반복되지 않을 역사, 저들의 참회 앞에서
비로소 그 경천동지의 밤을 울겠습니다.

그들의 사과와 위로와 보상의 판결문을 들고
당신의 바다 위에 소지를 올리겠습니다.
그 날에 우리는 춤추며 유월의 붉은 태양을
노래하겠습니다.

배암차즈기

곰보 곰보 곰보야 배추곰보야
볼 밑이 얽어서 고개 들 수 없던 들빼기 논두렁 가
배추곰보야. 겨울이 시려서 홀로 푸르던 네 가슴팍에
점점이 붉은 꽃으로 피던 서방은 또 어디 갔노
가을에 울던 눈물 떨어진 자국 뚝뚝 얼어붙은 곰보야
뒷마당 배춧단 속에 섰던 아이가 떠난 길이
무서리 꽃피던 들빼기 논둑이더냐

각혈하던 서방 울퉁불퉁 엠보싱 절뚝이며 가던 길
따라가서 감싸 안던 치마폭에서 피어났던 분홍빛
쪽 웃음 배암차즈기
서방은 잦아든 기침 추스르며 돌아도 보지 않고 가던 길 갔지

곰보배추 분홍꽃 환히 핀 꽃밭을 매며
무심하다 못해 정머리 떨어지던 어느 서방을 생각한다.

우리 엄마 천식 기침 멈춰 줄 곰보 색시한테
너거 서방 못 다한 정 나눠주라고 소곤소곤 말 걸어보는
어느 유월 비 오는 날 정오

미안하다

손에 익어
늘 옆에 두고 쓰던 양은냄비
참 오래도 썼구나 하고 보니
그을리고 부딪힌 수많은 자국들로
성한 곳이 없다
찌지고 볶고
우당탕
돌아볼 새 없이 달려온 날들
묵묵히 내 옆을 지켜준 너를
참 힘들게도 하였구나

세월의 길이

칼을 간다
쓱쓱 싹싹
무뎌진 날 시퍼렇게 세우고
자르고 썰고 다시 날을 세워온
돌고 도는 식당일에
날의 길이가 자루보다 짧아졌다
쉴 새 없이 갈고 닦고
숨차게 달려온
내
예순 해 길이도
몽당칼 만하다

명의

시내버스 차창 너머로 보이는 간판이
나를 자꾸 난감하게 하네
뭘까
난 감 병 원
머릿속을 수십 번 돌려도 풀리지 않던 의문이
앞에 서 있던 버스 바퀴 한 번 돌자
확 풀리고 마네
눈에 힘을 줘도
머리를 흔들어도 알 수 없던 것이
기다림이 약이라며
지나간 버스가 남겨준 "장" 자 하나
내 조급증도 난감함도
장난감 고치듯이 단번에 뚝딱 고쳐주네

목련을 보며

화단에 활짝 핀 목련
차가운 겨울 벗겨내고 서 있다

지금도
공장과 화단을 사이에 두고
창은
대화 불통인 사장과 우리들처럼
두꺼운 벽으로 막혀 있는데

겨울 작업복을 벗지 못한 내 눈길
무심코 슬쩍 머물 때마다
이렇게 웃고 살자며
하얀 미소로 속삭이듯 간질이지만

어쩌면 최저시급에 갇혀
움츠려 살아온 이 겨우살이
훌훌 털어낼 수 있다면
저런 맑은 웃음 터트릴 수 있다면

겨울과 봄 그사이의 창

아직도

고장 난 그대로 있을 것이다

잠든 사이

밤새 눈(雪)이 내렸던 것이다
깊은 잠에 취해 편하게
편하게 자고 일어난 아침
하얗게 눈(目)이 부셨다

일상에 묻혀 고와진 단풍도 모르고
아내가 구경 한번 가자고 할 때에도
동네의 가게들 개업 폐업도 그랬고
빌딩이 새로 서고 새 도로가 생긴 것도

보지도 못했고
소리도 못 들은 저 움직임들

나는 잠이 깨고서 비로소 알았다

코골이

공장 점심시간은 늘 짧다는 생각에
후다닥 허기를 채우고
휴게실에서 잠을 청하며 누웠다

살짝 잠이 들었을까
드르릉 휴우
드르릉 푸우
드르릉 컥

천장이 흔들흔들
방바닥이 들썩들썩

저리도 맛있게 자는 잠들을 두고
아 어쩌지도 못할 저 민폐

부추

척박한 땅마다 하지 않고

뿌리내린 자리 묵묵히 지키며

파릇파릇 살아서

턱수염같이 깎고 나면 또 솟아나는

그 질긴 근성

메마른 시대 지칠 때마다

가슴에 품은 어머님의 푸른 말씀이다

뒷모습

앞만 보고 살아야 했다

살아가기 위해
보이는 것만 꾸밀 줄 알았고
또 보이는 것만큼만 믿었다

어렵고 힘들 때마다 손 내밀어
도움만 챙길 줄 알았던 나는
옆이나 뒤를 돌아볼 틈도 없이
앞을 향해 바쁘게 달려야 했다

나를 부르는 소리 같아 뒤돌아보면
언제나
나를 찾는 것은 아니었고

부르는 사람도 없는 지금
저리도 아름다운 저녁노을 보며
자꾸만 뒤돌아보고
뒤돌아볼수록 왈칵 이는 이 부끄러움

벚꽃 환한 계단

가만히 쪼그려 앉아
빛바랜 꽃잎과
아직은 싱싱함이 남은 꽃잎 보며
내일을 산다는 건
내 마음의 사소한 사연 짊어지고
어둠 속 계단을 오르며
썩어갈망정
환한 빛 보는 일 아닐까 싶어
잠시 머뭇거릴 수밖에

산에산에

아내와 한 달에 한 번
부부의 날을 만들었지

해물파전에 막걸리를 마시며
푸른 파 같은 생활을 이야기하고
새우 속살 같은 가정사를 나누다가도
항상 언성이 높아지고 감정이 상하는
텁텁한 막걸리 같은
참 이상한 부부의 날

이야기하다 감정상하고
또 풀어가며
오늘도 부부의 날을 손꼽아 기다리는데
단골 산에산에 막걸리 집 갈일이
산 넘고 산 넘어 가야하는
우리 사이 같다

뜨내기 인생

마산에서 창원으로
창원에서도 북면으로
다시 마산으로

강의로 생활을 하는 날들
벌써 십 수 년이 되어간다
대로를 달리며
언제 뜨내기 인생 아닌 때 있었는지
불현 듯 생각나 고민해 봐도
비정규직부터 회사 부도, 산재 등
뜨내기 인생 아닌 날 생각나지 않는다

신호등 앞에서
출발신호를 기다리는 마라토너 같이
차들은 대기하고 있고
뜨거움이 더 해지는 오후 햇살이
참 밝다고 생각할 때
초록 신호로
힘차게 바뀐다

동행

손 한번 슬며시 잡으며 그저 고개 끄덕이고

어깨 토닥이며 그냥그냥 감싸주고

이불 어깨까지 살며시 덮어주고

포옹 한 번 하며 토닥여 주고

그렇게까지 못하더라도
정말
말없이
눈빛 한번씩
따듯한 숨결 한번씩
건네며

묵묵히
당신 곁을 지키는 일

변명

뜬금없이 전화가 왔다

사춘기 딸 문 잠그고 나오지 않는 밤 늘어나고
고등학교 들어 간 아들
제 세상 만든다고 불러도 대답 없는 날들
주말만이라도 알아서 부업할테니
아무 말 말라고

겨우 유지하던 학원생도 하나 둘 떨어지고
마땅히 할 일조차 찾지 못해
기다려 달란 말로 속절없이 날만 보내는 나날

집에 들어서니
무지개색 전선줄들과 자그마한 콘센트 속
아내가 어색한 웃음으로 반기는데

차마 얼굴 마주보지 못해 애써 외면하고
그래도

무지개색이라 좋다며
한마디 던질 뿐

선유도에서

하필, 비가 내려
우비 대신 우산을 함께 쓰고
섬 둘레 길을 걸었다

명사십리해변과
선유봉을 한눈에 넣으며
연인들이 칸막이 스쿠터를 타고
치즈 호떡을 먹는다

길게 늘어지는 치즈처럼
오래 오래 헤어지지 말자고
우리도 치즈 호떡 하나
먹고 가자는 아내의 말에

비는 그치고
하늘이 맑은 얼굴을 내밀기 시작한다

항구

바다와 한 이불을 덮었다

굳이,
오고 가는 뱃고동 소리 묻지를 마라

새하얀 속치마에 무너진 지 이미 오래

속이 없다 해도 괜찮다

어차피,
갈매기, 비둘기에게도
다 내어놓았다

푸른 꿈,
푸른 플랫폼
붙박이처럼 바다에 몸을 띄웠다

수락산 아래서 발을 씻다

화강암 암벽을 타고 내리며
발자국 내디딜 때마다 숨소리 거친
아내 손 잡아주며
수십 년 함께 한 시간을 생각는다

수락(水落)이라
가히 쉼 없이 떨어지는
물의 깊이를 헤아린
옛사람들 발자국은 어디 있는가

정조 때 삼백일 기도로 순조가 탄생했다는
내원암을 지나며 아내에게
삼정 문란이니 농민봉기니
모반사건이니 하며 먼 역사의 소용돌이 속으로
걸어보기도 하면서

지는 해를 삼킨 골짝에 앉아
바위에서 떨어진 물에
아내와 나란히 앉아 발을 씻는다

4B연필

교육청 주관
학예회 발표장에서
그림을 그리는 딸아이

볼펜도,
만년필에도
함박웃음꽃 피워 내지 못하고

그래,
이것만이라도 꼭 움켜쥐어라
그래야 대학을 가지

시 쓰는
애비를 닮았는지

아린 아웃사이더다

피라미드

세상이 죽은 자의 힘에 눌려 있다

아래로는 땅을 짓누르고
위로는 하늘을 찌르고 있는
파라오*의 무덤
이 안에 울고 웃는 사람들 삶이 갇혀있다

아침 해가 솟을 때부터
저녁 해가 내려앉은 늦은 밤까지
아무리 삶을 풀어내어도
저 견고한 피라미드 그늘에서
벗어날 재간이 없다

예나 지금이나 우러러볼 수밖에 없는
민초들의 삶이 말해주듯
지나간 역사가 오늘, 이 시간
산자의 삶을 꽉 움켜쥐고 있다

*이집트의 왕을 일컫는 말

아직도 꿈을 꾸는가

새 달력이 들어왔다

일 년 동안 떡하니 차지하고 있던

마지막 달력 한 장을 떼어냈다

달랑 박힌 못 하나와 누렇게 바랜 벽지만 남고

일 년이 흔적도 없이 사라졌다

길

등하굣길 몸이 아픈
내 책가방을 들어주던 친구 미자도
직접 가꾼 야채라며
매번 나누어주던 시은이 엄마도
창원으로 이사할 때
이삿짐에 얹어주던 동네 아줌마들
그 진한 온정도, 지나갔다

최루가스에 눈 못 뜰 때
언제나 생수병을 먼저 건네던 후배 철호도
내 손을 꼬옥 잡고
백골단을 피해 건물 옥상으로 몸을 숨겨주던
영식 선배도, 다 지나갔다

언제나 출근할 것만 같았던 남편이
언제나 집에만 있게 된 것도
언젠가는 다 지나가리라

꽃이 피었다 지는 사이

기약할 수 없었던 내일 앞에

꽃이 피는 줄도 모르고 달리는 동안

어리기만 보이던 아들이 청년이 되어 신부를 맞아들이고

정년퇴직한 남편은 아침이 익숙하지 않아 불안해하고

분주하기만 했던 내 삶은 언제나 오늘이 말해주는데

해 뜨기 전이 가장 어둡다는 새벽에 서서 생각하네

피었다 진 꽃들에 대해

새롭게 피는 꽃들에 대해

가장

시장 다녀온다더니
양손 가득 들고 들어온 것들을
풀고 씻고 닦고 분주하다

반짝 세일이라는 소리에 무조건 줄을 섰다며
고구마를 하나씩 내어놓는다
바로 삶아 먹자며 씻고 앉히는 손이 능숙하다

고구마가 삶아질 동안
찌개도 끓고 밥 냄새가 군침을 돌게 한다

정년퇴직한 남편 하루가
어느새 내 하루를 닮아 가는 것을 볼 때마다
처음에는 신기하기도 하고 고맙기도 했는데

갈수록 내가 불안하다

조문

쓰레기를 배에 가득 담은
고래의 죽음을 조문하는가

구제역으로 생지옥이 된
소들의 무덤 앞으로 몰려가는가

젊은 노동자의 죽음을 슬퍼하는
지하철역으로 가는가

누구에게도
내일의 안부를 물을 수 없는
사람들의 행렬을 따라 걷는다

겨울비에 후드득 떨어져
흘러가 버리고 주워 담을 수 없는
바람 한 줄기처럼
몰려가는 검정 우산들

비 내리는 거리가 조문 행렬 같다

프레스

눈떠 보니 병원이었다는 말보다, 네팔에 있는 가족에게는 알리지 말라는 말보다, 이제 프레스 앞에 서지 못할 것 같다며 오른손을 들어 보이는 라빈 카르키씨 왼손이 천근 만근 무게로 내 가슴을 쿵! 내리찍는다

자영업자

배재운 시인은 공장을 희망 퇴직한 후 이십 년째 아내와 식당을 운영합니다 그런데 정확한 월급도 없습니다 당연히 보너스는 없고요 공장노동자에게 다 있는 퇴직금도 없습니다 최저임금이 8,350원으로 인상되면, 한 달 급여가 1,745,150원이라는, 두 사람이면 3,490,300원입니다 두 사람이 한 달 내내 식당에서 일을 해도 최저임금도 안 된답니다 그런데 누구든 식당 문을 열고 들어서면 "사장님"하고 부릅니다 배재운 시인은 사장님이 아닙니다 그렇다고 노동자도 아닙니다

어떤 가혹행위

붉고 푸른빛을 뿜으며

용접봉을 녹여 쇠를 이어 붙이는 동안은

쪼그리고 앉아 잔뜩 허리를 웅크리고서는

무슨 일이 있어도 움직여서는 안 된다는

용접공

병실에서

아비지

저 봄 좀 보아요

눈치도 없이 화사한 얼굴 좀 보아요

올해도 옹골차게 일어서는

저 싸가지 없는 봄 좀 보아요

아버지

사랑탑

잔잔하게 쌓인 슬픔이 탑이 된다면
사랑탑이라 이름 붙이겠네

안으로 안으로 쌓인 눈물이
우물처럼 깊어지는 나이

건듯 부는 바람에도 마음 싸안해지고
가끔 아주 가끔 안부 전화에도 꽃잎 떨어지듯
뚝뚝 눈물 떨구던 시절은 두레박의 시간

제 몸속 깊고 깊은 우물물을 마시고
파릇파릇 자라는 슬픔도 탑이 될 수 있다면
나 좀 더 슬퍼지겠네

지금보다 한 겹 두 겹 마음 다해
슬픔으로 온전한 탑 하나 쌓겠네

등짐보다 무거운 시간이 짓누르는 나날

나를 밀고 가는 사랑탑 하나 꼿꼿이 쌓고 있다면
하루가 한 달이 거뜬하겠네

웃음처방

몇 날 며칠 웃을 일 없다
코 빠뜨리고 살았더니
지나가는 모기도
보기 싫었나 보다

발바닥에 빨간
간지럼 주사
처방해 놓았다

장난감 통 안

음악과 미술이 섞여 있어도
불협화음 낙서가 없고

초식공룡 육식공룡 함께 있어도
살육이 없고

로봇과 군인
부자와 가난한 자가 공존해도
전쟁이 없는

유토피아

그냥

경험이 쌓이고
쉼 없이 쏟아지는 정보와 지식이 늘면서
이유가 되지 못했던 말

어린이집 다니던 딸아이의 장래 희망 발표 날
기대에 찬 부모들의 눈초리를 알아차리기도 한 듯
경찰이 되어 나쁜 사람을 잡겠다는 아이
간호사가 되어 아픈 사람을 돕겠다는 아이
드디어 딸아이의 발표 차례
선생님이 되겠다는 아이에게
다람쥐 반 선생님이 이유를 물었는데
"그냥요."

내 실망과 다른 부모들 웃음 뒤섞인 교실에서
배꼽 잡던
그냥

쉼 없는 말들의 수식에 지친 날

한여름 시원한 소나기 같이 그리운

그냥

보호자

전국에 발자국 지도를 찍었던 내가 서울 강남에서
글을 알고 말을 할 줄 알아도
가야 할 방향을 잃은 어린아이가 된다

서울 물 몇 달 먹은 초보 서울 사람 딸을 앞세워
졸졸 따라가서는
네모난 시루에 콩나물이 되었다
몇 시간 전까지 보호자였던 습성이 남아
연신 거미줄 지하철 노선을 살펴보는데
어디로 가는 몇 호선인지 찾기도 전 환승 구간 도착
또 바쁘게 보호자를 따라 내려 다른 시루에 올랐다
내 발에 뿌리내리지 않아도
나는 꽂혀 흔들리고 밀리느라 숨쉬기도 어려운 곳에서
사람들은 제각각 휴대폰으로
게임하고, 짧은 만화를 보고 톡을 보내는
신공을 보이는데

사람들이 내리고 탈 때마다

좋아하는 휴대폰도 보지 못하고
내게서 눈을 떼지 못하는
대견한 내 보호자를 믿고
색색의 거미줄에서 시선을 거두었다

날벼락

독한 놈 옆에 있다가 벼락 맞는다는 옛말처럼 길가 나란한 집 순둥이 하얀 진돗개와 앙칼진 발바리가 지나는 이마다 반갑게 인사하는 순둥이와 달리 어른 아이 가리지 않고 이빨 드러내며 앙살 부리는 발바리 때문에 행인들과 이웃에게 미안 했던 발바리 주인 개장수에게 아무도 없을 때 데려가라 했는데 외출한 주인이 돌아와 보니 뛰어오르며 반기는 발바리

순둥이 찾는 옆집 사람들 타는 마음이 사흘간 온 동네를 헤집었다는데……

제3부

가까이서 야하게 빛나는 건 별이 아니란다

북맹 탈출

북한 사람을 머리에 뿔이 난 빨간 도깨비로 그린 어린 시절을 보낸 사람들은 지금에 와서 그것이 반공교육 때문인 것을 잘 알고 있다. 이제는 군사독재 정권이 장기 집권을 위해 북한 사람들에 대한 혐오, 왜곡, 거짓을 일부러 퍼뜨린 것도 잘 알고 있다. 그동안 국가보안법이 큰 몫을 했는데 하루가 멀다고 많은 간첩 사건들이 조작되었다는 것이 밝혀지고 있다.

'숙청', '아오지 탄광', '처형', '정치범 수용소', '배고픈 나라' 라는 말은 조선민주주의인민공화국의 상징이 되어 버렸다. 그러한 대명사들은 분단을 이용하여 독재 정권의 정당성을 만드는 데 많이 이바지했다. 하지만 김대중, 노무현, 문재인 대통령이 평양을 방문하고 남쪽의 국민들이 금강산을 가고 중소기업인들과 노동자들이 개성공단을 오가면서 그 말이 왜곡되거나 부풀려진 것이라는 것을 알게 되었다. 그럼에도 불구하고 여전히 조선일보 등 보수언론은 지치지 않고 가짜뉴스를 생산하고 있다.

지난 5월 31일 조선일보는 "김영철은 노역형, 김혁철은 총살"이라는 제목의 1면 머리기사에서 대미 협상을 총괄했던 김 부위원장이 혁명화 조치를 당했다면서 "통일전선부장에서 해임 후 자강도에서 강제노역 중"이라는 '북한 소식통'의 말을 인용해 보도했다. 여기서 '북한 소식통'은 구체적이지도 않고 사실 여부를 확인할 수 있는 것이 아니다. 우선 보도를 하고 맞으면 맞고 아니면 말고 식의 보도라고밖에 달리 표현할 방법이 없다. 이런 것을 우리는 가짜뉴스라고 한다.

이 기사의 진위를 아는 데는 며칠이 걸리지 않았다. 북한 조선중앙통신이 6월 3일 김정은 위원장과 부인 리설주 여사가 지난 2일 군인 가족 예술 소조 경연을 관람했다는 보도를 사진과 함께 내보냈는데, 김영철 부위원장이 수행 간부에 포함되어 공연을 함께 관람한 사실이 보도되어 조선일보의 보도가 사실과 다르다는 것을 사흘 만에 확인시켜 주었다. 전형적인 가짜뉴스이다.

사실 확인도 거치지 않고 퍼뜨려지는 특히 조중동의 북한에 대한 가짜뉴스는 국민들에게 북녘에 대하여 끊임없이 나쁜 인상을 주고 남북관계에 부정적 영향을 던지고 있다.

『좌충우돌 아줌마의 북맹 탈출 평양 이야기』 표지를 보면 "남쪽 사람의 대다수는 심각한 '북맹'이다. 북녘은 우리와 같은 자본주의 사회가 아니다. 사회주의 북녘을 있는 그대로 이해하는 것은, 통일시대로 가기 위해 꼭 필요한 준비과정이다"고 말한다.

개성공업지구지원재단 김진향 이사장은 "분단을, 평화를, 북한을 알아야 한다. 분단을 넘어 평화로 가는 가장 빠른 길은 엄연히 존재하는, 실재하는 북을 있는 그대로 아는 것이다. 북을 알게 되면 분단은 허물어진다."고 말한다. 그런데 우리는 왜 있는 그대로의 북한을 보고자 하지 않을까. 이것은 아무래도 일제강점기를 거치고 남과 북으로 나누어져 한국전쟁을 겪고 양쪽 지도자들이 정권을 유지하고자 퍼뜨린 정책적인 가짜뉴스의 영향이 크기 때문이지 않을까.

유령의 집 효과

입구에서부터 소름이 돋으며 기분 나쁜 기류가 압도하기까지 한다. 그 실체가 당연히 가짜이며 뻔 한 내부 구조와 시나리오를 가지고 있다는 것도 안다. 그리고 내용이 긍정적이고 즐거우며 선의의 내용보다 부정적이고 극단적이며 악의적인 것이 많다. 특히 자극적이며 쇼킹하고 스릴을 넘어 혼절할 수 있는 강한 충격을 주어 극도의 불안 증세를 느끼게 하여 다른 생각의 틈을 허용하지 못하도록 만든다. 그런데 그 인위적인 가공의 실체는 '의도대로 반응하면 성공이고 아니면 말고' 라는 기본 설정을 가지고 있다. 그러나 목적 달성을 위해 유령의 집을 유유히 빠져나가지 못하도록 사활을 걸고 집요하고 현란하게 공격을 반복하며 심신을 괴롭힌다.

유령의 집은 놀이공원에서 가장 흉측하고 거부감이 높은 공간임에도 불구하고 한번 쯤은 유혹을 느끼기도 하고 동행인이 이끌면 주저하다가도 따라 들어가기도 한다. 유령의 집에 들어서면 자신을 향해 섬뜩한 모습들이 스칠 때마다 고함을 지르고 웃다가 울다가 뛰다가 섰다가 발광을 하며 이성을 잃는다. 분명 유령의 집은 가짜가 진짜를 흉내

내는 것인데도 불구하고 쉽게 놀라고 자지러지는 것은 체험자가 눈앞에 보이는 현상을 직시하기보다는 실제 보이는 것보다 더 많은 무서운 자기 상상으로 지레 겁을 먹고 대하기 때문이다. 그런데도 유령의 집 체험은 출구에서 거의 헛웃음으로 마무리되는 것은 카타르시스와 더불어 자기 극복으로 인한 정화로 볼 수 있다.

결국 유령의 집은 놀이라고 하는 단순 기능 이면에 공포체험을 통해 탈출구를 유도하는 기능과 공포를 쉽게 피할 수 없도록 다양한 공포감을 가중해 조그만 자극에도 히스테리로 반응하며 현재 상태를 심하게 거부하도록 학습시키는 기능이 숨어있다고 볼 수 있으며, 멀쩡한 사람도 짧은 시간에 불만과 흥분을 고조시키고 포악성을 제조할 수 있는 기능이 있다. 그러다 보면 극도의 고통을 벗어나기 위한 수단으로 폭력도 정당성을 가질 수 있다고 오판할 수 있게 한다.

지금 한국의 국정운영 추세는 국민들의 정치의식 수준과 기대에 부응하며 역사상 불가능했던 제왕적 권력을 내려놓고, 삼권분립과 더불어 자치 운영의 권한을 최대한 보장하고 있지만, 기존의 기득권 세력은 권력의 향유를 떨치지 못해 회귀본능을 제어하지 못하고 있다. 이는 권력 우월주의에 젖은 세력들이 권력의 유용성과 가치를 국민들을 위해 발휘하고 배분하는 것이 아니라 자기 독점을 위해 안간힘을 쓰고 있는 뒤틀린 형국이다. 또한 과거 권력의 성역을 훼손하거나 배반하거나 부정하는 세력은 모조리 반체제 주의자로 몰아가는 역효과를 조장하고 있다.

근간에 유독 입에 담기조차 민망하고 듣기에도 유치한 저질인 온갖 가공되는 가짜뉴스는 먹히면 좋고 아니면 말고 식으로 목적달성을 위해 입질을 끌기 위한 밑밥처럼 불특정 다수에게 마구잡이로 뿌려대기 일쑤다. 가짜뉴스는 각자의 명분과 규합되는 동질성에 공감하는 일부와 자기 불만이나 사회의 불만을 표출하는 일부 등이 동조하기를 바라며 기대효과를 높이고 흥분의 도가니로 만들기 위해 더욱더 자극적인 요소들을 첨가하여 가짜를 정당화하는 억지의 경지를 넘어 유령의 집이 되었다.

유령의 집은 가짜의 소굴이고 그곳을 기웃거리며 호기심을 보이다 보면 언젠가는 입질을 당할 수 있고, 입구를 들어서는 순간 그 속에서 현실이 전도된 고통의 망상을 학습하게 되는 것이다. 안팎의 상반된 현상을 보면 유령의 집 안에서는 가짜 소굴에서 정신 줄을 놓고 괴성을 지르고 있지만, 정작 그 시간에 밖에서는 그 괴성을 들으며 배를 움켜쥐고 헛웃음을 짓고 있다는 사실이다. 가짜는 긴가민가를 가늠하지 못하면 빠지기 쉬운 늪과 같고, 자꾸 보고 듣는 반복에 중독되면 세뇌가 되어 진짜 사실로 각인이 된다.

혼돈의 시대에 세상을 가늠하는 잣대는 자기주장과 비슷

하다고 함정을 무시하고 맹목적인 동조를 삼가고, 무제한적인 정보에 입질하지 않도록 자신을 노출하지 않는 것이 바람직하다. 이미 가짜뉴스에 감염이 된 매스미디어의 신뢰도를 의지하기보다, 원칙과 기본에 따른 사실 비교능력을 키워야 한다. 가짜에 물리면 무의식적으로 진짜를 생채기 내는 좀비가 되기에 십상이다. 결국 가짜는 가짜를 식별할 수 없고, 진짜만이 가짜를 식별할 수 있다는 명제를 가지고 일부 이익을 위해 다수에 편승하는 일이 없도록 하는 것이 가짜 세상을 극복하는 것이다. 설령 목숨을 버리는 한이 있더라도 그래야 한다고 명성 황후는 식민의 칼 앞에 가짜 신분으로 숨지 않았고, 김구는 온전한 나라를 만들고자 하였고, 민주열사는 가짜 자백을 거부하였다.

더 나은 세상을 위해 가짜를 색출하고 왜곡을 바로잡는 적폐 청산에 반기를 드는 권력의 잔재들이 한통속으로 발휘하는 힘의 회오리를 부풀리기 위해 호구지책으로 연막질을 일삼는 가짜뉴스로 꼬드기며 믿거나 말거나 일단 한 번 놀아보라고 유령의 집 안에서 미끼를 던지며 웅크리고 있다. 어쩌면 몰래 물뽕 주입으로 자기 결정이 유린당하고 실신한 심신을 훼손당한 어느 유흥주점 소굴처럼 유령의 집은 아가리를 벌리고 음흉한 잔을 돌리고 있는지도 모른다.

가짜는 진짜를 이기고 전복하기 위해 늘 진짜보다 화려

한 술책을 쓴다. 화려한 놀이를 즐기기 위해 빨간 맛을 들이키며 다시 '화려한 휴가'에 들어갈지도 모를 일에 경계하는 취사선택은 이제 민중의 몫으로 남았다.

가짜 뉴스는 진실이 부끄러운 자들이 마신 독주이다

망언 제조기들의 아무 말 대잔치가 뉴스가 되는 세상이다. 정치인들의 막말이 이슈가 되고 공격의 대상이 되기도 하지만, 그들의 의도는 이슈를 점거하고 일반화하여, 그 말은 하나의 유행어가 되고, 조크가 되다가 거짓의 껍질을 둘러쓰고 당당 명제가 되어버린다는 것을 알기 때문에 의도적으로 퍼질러 대는 것이다.

거짓말이 참말을 이겨 버린 지는 오래다. 그래서 사람들은 대로보다는 샛길의 은밀한 재미를, 진품보다는 짝퉁의 가성비를 즐긴다. 진실은 바보들의 놀음이므로 쉬이 폐기될 부산물로 전락한 지 오래고, 바보 같고 어리석은 자의 전유물이 진실이 되어버린 세상을 우리는 살고 있다. 경천동지의 놀라움이 버젓이 한낮을 누비는 세상! 우리가 사는 이곳은 첨단 디지털시대 불의가 숨을 곳이 없는 세상일까?

"설마 그럴 리가? 이 첨단 세상에!" 라고 놀라지만 우리가 상상했던 그 이상의 일들이 너무도 당당하게 버젓이 일어나고 있다. 몇백 미터 앞바다에서 침몰하는 배를 팔짱끼고 바라보면서도 건져내지 않았고, 설마 일부러 그랬을까? 그럴 리가? 정말? 정말? 하다가 아연실색하고 나자빠지지만, 어떤 무리들은 끊임없이 가짜 뉴스를 생산해 낸다. 소풍 가다 죽은 사람도 대통령이 책임져야 하냐고! 고래고래 호통치다가 "구할 수 있는 아이들을 왜 안 구했냐! 고?" 물으면 다른 말을 한다. 그래서 세월호는 우리 시대 가짜 뉴스의 '십자가' 이다. 온갖 흉흉한 소문들이 퍼졌고, 자식 잃고 비탄에 빠진 부모들을 향해 가짜뉴스의 이름으로 마구 돌멩이 던지고, 조롱하고, 비수를 날렸다. 자식 잃은 부모들은 두 번 세 번 자식을 죽이고, 자신의 자존도 죽어갔다. 가습기 살균제로 자식과 부모를 잃은 사람들이 그랬고, 5.18 군홧발에 죽음을 당한 광주시민들의 명예가 그랬다.

지성과 논리와 철학이 우리의 진정성을 담보하고 그럼에도 불구하고 진실은 승리한다. 는 명제에 대하여 희망을 가져라. 고 내 자식에게, 내 제자에게 단언할 수 있을까? 나는 진정하며 진실한 세상의 승리를 아이들에게 보여 줄 수 있는 의지를 갖고 있을까?

진짜가 가짜에 한 입에 먹히고 가짜의 화려한 웃음이 9시 뉴스를 장식할 때 우리는 절망한다. 아니, 가짜가 될 수 없음에 절망할지도 모른다. 촛불은 밤을 밝히며 진실은 침몰하지 않는다고 외쳤지만, 진실은 곳곳에서 아우성치며 침몰 중이다.

가짜 뉴스는 약한 자들의 공포를 볼모로 너무도 그럴듯하며, 아닌 듯하지만 그럴지도 모른다는 경험적 공포를 불러와 끊임없는 말풍선을 만들어 낸다. 급기야 6·25 이후에 기승을 부리던 '빨갱이'가 다시 불려 나왔다. 세계적으로 공산당이 사라지고 없는 현대에 웬 빨갱이 타령이냐?고 묻는 사람들이 무색하게 빨갱이 프레임은 날개를 달고 대통령도 시민단체도, 애국 투사도, 독립운동가에게도 빨간 칠을 해댄다. 가히 '부관참시'의 욕됨을 버젓이 살려낸다. 김구 선생과 안중근 의사가 테러리스트로 둔갑하는 부왜자들의 가짜 뉴스가 뒷골목을 누비는 황망한 세상 앞에서 우리의 진실은 절망한다.

아홉 시 메인 뉴스보다 더 솔깃하고 그럴듯한 SNS 소식을 무선으로 띄우며 거짓 진실을 만들어 내는 이들의 목적은 '거짓을 덮고, 진실을 호도하기 위함'이다. 불의에서 출발한 친일 부왜, 그 사상누각에 지어진 반공의 역사, 민간인 학살, 독재... 국가폭력의 전신은 면면히 이어서 세월호까지 왔고, 거짓은 거짓을 숨기기 위하여 끊임없는 억지 프레임을 만들어 냈다. 불의의 정당화로 왜곡에 왜곡을 거듭하여 '가짜뉴스'의 온상이 되어 온 것이다.

우리는 침몰하지 않는 진실을 찾아서 항해를 시작했고, 그 저항의 파도는 높고 거세다. 황당무계한 거짓 논리가 버젓이 떠돌 때 숨기고 싶은 부끄러움을 가진 자는 그 그늘 아래 숨는다. 끊임없이 뱉어내는 '카더라' 통신을 즐겨 인용하는 자를 조심하라. 그 혀끝에서 탄생하는 불의로 정의의 심판이 당신에게 미치리라. 가짜와 진짜는 명백히 구분되어 존재한다. 그것을 선택하는 자의 진실에 따라 가짜와 진짜는 선별될 것이다. 가짜는 가짜를 믿고 싶을 것이며, 진짜는 진짜를 알아볼 것이다. 그러므로 친구들이여 조심하라. 당신이 가짜인지 진짜인지는 이미 판별이 나 있었고, 다만, 무엇을 숨기려는지 자신 스스로 알아채지 않으면 당신도 가짜의 늪에서 흔적 없이 사라지는 존재의 비애를 맞게 되리라.

어린 왕자가 주정뱅이별에서 말했지. 아저씨는 왜 술을 마시냐고? "술 마시는 것이 부끄러워서 술을 마신다." 라고 말했지. 부끄러우면 조용히 잠들어라 가짜뉴스 생산자들아.

가짜뉴스는 암세포이다

가짜뉴스는 태생부터 남을 음해하여 사욕을 챙길 목적으로 만들어진다고 보면 된다.

이 가짜뉴스를 만드는 사람은 귀 얇은 사람들을 이용하고 또한 뜻을 자기와 같이 하는 사람들을 활용해 남은 둘째고 자기들 배만 채우려는 작태인 것이다.

그리고 자기보다 뛰어나고 올바른 사람의 능력을 응원하며 존경하고 배우려는 것보다 그것을 부정하고 시기해 이 나라의 발전은 뒷전이고 남의 호박에 말뚝 박는 놀부 심보 아니면 그 무엇이겠는가.

누구나 처음 가짜뉴스를 접하면 설마? 진짜? 반신반의하며 궁금해 한다. 그러면서 진짜 그게 사실이냐 또는 그럴 사람이 전혀 아닌데 갸우뚱하면 신문에도 보도되고 유명한 정치인 누구도 그게 사실이라고 했다는 등 설레발을 치면 가짜를 진짜로 생각을 굳혀간다는 게 저들의 노림수이고 전략이다.

일반적으로 우리들은 진짜와 가짜 그 어떤 절차도 없이 그냥 그들께 당하는 꼴이 된다. 즉 당한다는 것은 속임수에 걸려들어 가짜뉴스를 만든 사람은 이득을 챙겨 소기의 목적을 이루고 당한 사람은 직접, 간접으로 억울하고 엄청난 고통을 당하게 되는 것이다. 이렇게 가짜가 판을 치면 세상은 당연히 옳고 그름의 질서도 무너져 살아갈 희망도 사라지고 만다.

그래서 국민을 기만하고 우롱하는 가짜뉴스를 만드는 일은 민주사회를 죽이는 암세포이고 악랄한 범죄이다. 범죄를 저질러놓고도 태연하게 부끄러운 줄 모르는 저 가짜뉴스를 만드는 숙주들은 분명 사람이 아니고 암세포일 것이다.

가짜뉴스로 남을 속이는 야바위를 하다 결국 이솝우화의 양치기 소년처럼 정말 개인적으로 위급함에 처한 그 사실을 알려 도움을 요청할 일이 생긴다면 그땐 당하기만 했던 사람들은 물론이고 아울러 자기들끼리도 가짜로 들려 모른 척 돌아서고 나면 큰 낭패를 당할 것은 불을 보듯 뻔하다.

가짜뉴스의 대부분이 정치성을 띈 사상적 분단 이데올로기이다. 빨갱이, 용공, 좌경 혹은 좌익, 종북 등 이 가짜뉴스들은 선거철이나 자신의 영달(榮達)을 위해 상대를 음해해 반사이익을 챙기려 써먹고 또 활용해 왔다. 이젠 그 수법이 들통났는데도 똥오줌 못 가리고 아직까지 써먹고 있다. 그렇게 써먹고 활용하는 이유는 가짜뉴스가 통하고 있으니까 멈추지 않는 것이다. 가짜뉴스를 만드는 사람은 도대체 그 좋은 머리를 긍정적 사고로 국민의 이익과 행복 아울러 국가 발전을 도모하는 곳에 활용하지 않는 것은 분명 이 땅의 국민이 아닌 것이다.

이제라도 그 가짜뉴스를 검증과 사실 확인을 할 수 있는 합법적 장치가 있었으면 좋겠다. 그렇게 되면 가짜뉴스에 현혹되어 또 다른 사람에게 전염시킬 일도 없겠고 더불어 가짜임을 지적할 수 있는 의식이 생겨 더 이상 속아주지 않는다면 가짜뉴스가 발붙일 곳을 찾지 못하고 저절로 소멸할 것이다. 하여 진실의 씨앗에 믿음의 마음으로 물을 줄 수 있는 우리가 된다면 정말 아름답고 건강한 세상은 반듯이 올 것이다.

가짜를 가짜로 인정하고 다닌 시절

나이키 대신 나이스, 아디다스 대신 아디스 등, 30여 년 전 나는 누구나 아는 가짜 메이커 신발을 신었다. 아니 정확히 얘기하자면 가짜가 아니라 짝퉁인 것이다.

그 당시 우리 또래들은 유명상표를 본뜬 가짜 상표를 누구나 인식하고 있는 그대로를 받아들이며 살았다. 그렇다고 그 자체가 문제 될 점은 없는 시대였다.

가짜뉴스의 선례를 보면 고대 국가 시대인 삼국시대에서도 크고 작은 가짜 이야기들이 존재한다. 정치적 이익을 위한 것과 경제적 이익을 목적으로 만들고 선전하고 각인시킨 것이다. 이런 인식들은 아직도 여과 없이 나타난다. "5·18 민주항쟁"을 아직도 빨갱이가 쳐들어와서 일으킨 사건이라고 말하는 분들에게 신문이나 자료를 근거로 이야기해도 그 자료가 거짓이라고 말하시는 분들이 많다.

특히 SNS 상이나 밴드 같은 곳에 올라온 영상이나 자료를 보여주시며 그것이 사실이라고 말씀하시기도 한다. 80년대(?) 언론의 억압과 반복된 가짜 정보가 계속해서 이어지고 각인 된 효과이다.

사람은 자신이 보고 싶은 것만 보고 듣고 싶은 것만 듣는다. 똑같은 영화를 보더라도 관점에 따라 기억하는 것이 다르고 받아들이는 성향이 다르다. 하지만 가짜를 가려내는데는 이성이 중요하지만 대부분의 사람은 감성이 앞서기 때문에 쉽게 가짜뉴스에 현혹된다.

특히 케이블 방송의 언론 보도에 있어 언론의 입맛에 맞는 편향된 정보나 내용을 하루 종일 반복하고 비슷한 내용을 꾸며 다시 재생산할 때 시청자는 그 내용이 사실인 양 인식하고 믿게 된다는 것이다. 이 때 새로운 사실이 밝혀지더라도 이미 각인된 정보를 바꾸려 하지 않고 오히려 새롭게 밝혀진 내용이 잘못된 정보라고 인식한 사람들은 주변에 이야기하기 시작한다.

이것은 내가 하고 있는 일들이 노년들을 대상으로 하는 일들이어서 수시로 경험한 부분이다.

처음에 가짜인 줄 몰랐다면 차후에라도 인정해야하는데 그러하지 못한 사회를 재생산 하는 모습을 보면 안타깝다. 언론 또 한 객관성과 사실에 입각한 내용을 담아야 하는데 편향된 시각과 시청률만 고려한 방송이 지양되어야 한다.

언론은 보도된 내용이 가짜로 밝혀지면 사과와 정정 보도를 해야 하고, 개인은 자신이 알고 있는 정보가 가짜로 밝혀지면 가짜뉴스의 심각성을 자신이 느껴야 한다. 그래야 안개 속 같은 세상에서, 내일을 알 수 없는 현실에서 길을 찾고 나아갈 수 있을 것이다.

약장수

가짜가 진짜로 둔갑하기 위해서는 진짜보다 더 진짜처럼 보여야 한다.

어릴 적 장터에서 북을 등에 짊어지고 시끌벅적 둥둥거리며 사람들 불러 모아 정신부터 쏙 빼놓던 '애들은 가라. 애들은 가라 … 계룡산 십 년, 지리산 십 년 전국 팔도 신령하다는 산이라는 산에서 마음을 수양하고 기를 얻어 곰을 만나면 쓸개만 얻고 뱀을 만나면 혀를 얻고 지네를 만나면 허리를 얻어 오늘 여기 모인…….' 약장수 그 입담을

그러나, 그게 다 가짜였는데 모여들었던 사람들 약장수 입담에 넘어가지 않고 배기는 사람이 없었다. "만병통치약" 그 말에 왜 의심을 해보지 않았겠는가. 하지만 자기 자신의 아픈 몸이, 집안에 아픈 사람을 생각하는 마음이 그 약을 반신반의 하면서도 지갑을 열지 않았을까. 더 나아가 약장수와 같은 패거리가 잡는 바람, 바람잡이들이 '나도 나았다. 정말 효능이 있더라.' 고 속닥이는 소리, 심지어 '앉은뱅이가 일어나 걷더라. 허리는 단방이더라. 하며 사람 마음을 혹하게 만들던 약장수, 그 현란한 말솜씨와 바람잡이들 부추기는 바람에 귀가 얇았던 너와 나

이런 약장수가 한둘이 아니었다. 전국을 돌아다니며 서로 정보를 주고받고 자신들의 이익을 챙기던 사기꾼들, 만병통치약이라고 산 사람들이 그게 가짜라는 것을 알고 멱살이라도 잡아야겠다 싶어 다음 장을 기다리면 그 장터에는 다른 약장수가 와 있다. 이처럼 또 새로 온 약장수는 그 약장수대로 가짜를 진짜로 믿게 만들어 약을 파는 것이다. 이번 장날에도 누군가는 또 속아 넘어간다.

내 어릴 때나 지금이나 아니 그 전 먼 옛날에도 마찬가지지 않았을까. 작정하고 유언비어(거짓말—가짜)를 퍼뜨려 절박한 사람들을 현혹해 이익을 챙겨가고자 하는 이들이 적지 않다. 지금도 마찬가지다. 다만 지금은 정보화 시대라 사람을 현혹하는 방법이 변했을 뿐이다. 갈수록 공동체가 무너져 개인주의가 팽배해지다 보니 불특정 다수를 상대로 유언비어(가짜뉴스)를 퍼뜨려 사람들을 현혹하고 있다.

일부 유 튜브, 개인방송이 꼭 그 꼴인 것 같다. 정제되지 않은 말과 확인되지 않은 일을 진짜처럼 퍼뜨리는 일이 사회 문제로 대두되고 있다. 유 튜브를 진행하는 진행자의 정치 편향에 따라 언론 자유라는 알 권리라는 말 뒤에 숨어 온갖 거짓을 진짜인 양 믿게 만들고 있다. 정보의 덫에 걸린 사람들이 그 내용을 믿고, 또 그들이 다른 사람에게 그 정보를 퍼 나르고 있다. 어디 가면 용한 점쟁이가 있다는 식과 무엇이 다른가.

약장수의 입이나 방송의 힘을 이용하는 것이 한두 놈이 아니다. 지편 내 편을 갈라놓고 경쟁하듯 막 쏟아내고 있다. 가짜를 진짜처럼, 가랑비에 옷 젖듯이 믿게 만들고 있다. 물론 믿는 사람이 잘못이라고 하면 할 말이 없지만, 이를 어찌 외양간을 고치지 않은 주인을 탓할 수 있겠는가.

이 얼마나 혼탁한 세상인가 가짜와 진짜를 구분하기 힘든 세상, 진짜처럼 보이는 가짜 그 진원지가 바로 유 튜브 일부 개인방송뿐이 아니다. 오늘도 이 나라 가난한 서민들은 하루해를 버텨내기도 힘이 드는데, 소위 많이 배웠다는 사람들이 더하다. 무엇보다 가짜가 진짜로 둔갑하는 것은 다 의도가 있는 일이다.

약장수는 만병통치약을 팔아 자신의 이익을 챙기기 위해서지만, 유 튜브 일부 개인방송을 진행하는 사람은 무슨 의도를 가졌을까? 집안일을 속이면 집안을 제 손에 쥐어 보겠다는 것이고, 나랏일을 속이면 나라를 쥐어보겠다는 것이 되는 것 아니겠는가. 올바른 국민이라면 무엇이 옳고 그런지 귀와 눈을 반듯하게 열어 두어야겠다. 어차피 약장수는 사람들을 속여 약을 팔게 되어 있으니까.

곰팡이

하루에도 수없이 날아드는 문자, 간단한 안부나 경조사 심지어 광고성 내용까지 밤낮을 가리지 않고 제집 드나들듯 거침이 없다. 날아든 문자를 보지 않고 지우는 사람이 있다면 그는 강심장을 가진 사람이다. 광고성 문자라도 쏙 열어보아야 마음 한쪽 안심이 되는 게 현대인들 아닐까.

대부분 일상의 안부를 묻는 문자가 아니라면 무언가 그럴듯한 내용이거나 심각한 내용을 담고 있다. 하지만 그 내용에 대한 진실 여부와는 상관이 없다. 당신에게만 보낸다는 정보라는 이름으로 날아온 문자를 무시할 수 없게 된 것은, 그 내용이 너무나 진실되고 사실일 것만 같기 때문이다. 읽고 나면 어딘가 마음이 찜찜하기 때문에 주위 사람들에게 전달하거나 검색창을 열고 확인해 보지 않을 수 없는 유혹을 느끼게 된다. 나 역시 이러한 문자를 받으면 꼭 확인하고 전달해야 하겠다는 의무감 같은 것이 생기게 된다.

내가 몰랐던, 아니 알려고 하지도 않았던 내용의 정보를 전달받고 그대로 믿게 되는 것은 그 내용이 그럴 것 같다는 생각이 앞서고, 내가 생각하고 내 눈으로 보고자 하는 것만 보다 보니 나도 모르게 그 정보라는 이름의 문자를 믿게 되는 것이다.

전달한 내용의 문자가 날아가 그 사람의 삶을 어떻게 바꾸게 될지에 대해서는 생각하지 않는다. 우리들 일상에 곰팡이처럼 소리 없이 파고들어 우리들 판단을 흐리게 만드는 문자, 이 문자를 이용한 가짜뉴스의 난발이 이 사회에 큰 골칫덩이가 되고 있다.

특히 사람이 먹는 음식이나. 사람이 살아가는데 가져야 할 보편적 가치에 대한 일에까지 가짜뉴스가 판을 치고 있다. 별것 아닌 것을 의도적으로 부풀리고 비도덕적으로 몰아가 한 사람의 생을 통째로 내려앉게 만드는 일이 어쩌면 작은 곰팡이에서 시작되는지 모른다. 한 사람이 무심코 또는 의도적으로 퍼 나르는 문자나 동영상들 그 속에 숨겨진 진실을 누가 알겠는가.

가짜를 진짜처럼 내세워야 하는 그 뒤에는 분명 의도된 무언가가 숨어있다. 전자레인지의 예에서도 충분하게 알 수 있듯, 전자레인지의 기능이 우리들 일상의 삶을 두렵게 만들고 불신하게 만드는 일, 누군가 의도했든 그렇지 않든, 한 사람의 한 기업의 한 나라의 운명을 뒤바뀌게 만들 수도 있는 가짜뉴스가 정보라는 이름으로 판을 치고 있는 현실이 두렵다.

오늘도 가짜인지 진짜인지 구별할 수 없는 정보들이 곰팡이처럼 우리들 삶을 갉아먹고 있다. 나아가 엄청난 힘으로, 그러나 소리소문없이 파고들고 있다. 지금도 카톡, 카톡하고 전화기가 울리고 있다. 열어보고 확인해보고 싶은 충동에서 벗어나지 못한다.

가까이서 야하게 빛나는 건 별이 아니란다

진짜가 가짜로 보이는 시대, 가짜가 진짜인 것처럼 둔갑하는 시대, 사실 이런 시대는 늘 있었고 앞으로도 있을 것이다. 꼭 집어 어떤 시대에는 가짜와 진짜가 뒤바뀌고 어떤 시대에는 그렇지 않고 하는 것은 아니다. 대체로 유언비어(가짜)는 어떤 집단이 의도적으로 여론을 형성하기 위해 생산하게 된다. 집단을 떠나 개인적으로 양산되는 험담 역시 개인의 감정을 통제하지 못하고 그 감정에 이끌리어 상대를 모함하게 된다. 나아가 그것이 사실인 양 굳어지게 되는 것이다. 결국 사람의 마음이 자기가 속한 단체나 자기 자신의 이익을 위해 상대를 모함하게 되고 사실 여부를 떠나 집단이나 개인이 큰 상처를 입게 된다.

그릇된 말과 행동으로 인해, 개인이나 단체가 지향하는 일들로 인해, 거짓과 진실이 바뀐 예는 지난 역사에서도 허다하다. 이러한 거짓이 부풀려지고 일반 대중이 쉽게 믿게 되는 것은 대부분 정치가 때문이다. 그들의 입을 거치고 나면 일차로 지지자들을 통해 가짜가 진실인 양 진짜가 가짜처럼 둔갑하여 무한정 퍼져나가게 된다. 이는 정치가들이 대중들에게 미치는 영향력이 그만큼 크기 때문인데, 이러한 경로는 지금도 유용하게 이용되고 있다.

어느 시대나 마찬가지로 정치적 상대를 무너뜨리려 가짜 여론이 형성되어 퍼뜨려지고, 나아가 대중을 선동하여 정치적 목적을 달성하게 되는 것이다. 하지만 현시대에서는 국민들의 정치적 의식이 높아지고 가짜와 진짜를 분별할 수 있는 지적 능력과 올바른 정보를 제공하는 각종 메스미디어 덕에 지난날 일부가 정보력을 독점한 시대와는 차이가 분명하게 있다. 하지만 그 반대로 각종 정보에 더 많이 노출된 것도 사실이다.

공동체가 허물어지는 시대일수록, 정보를 쉽게 접할 수 있는 시대일수록, 정보가 일방적으로 제공되는 시대일수록, 정보를 맹신할 수밖에 없다. 선택의 여지가 그만큼 좁기 때문이다. 누가 왜 어떤 목적으로 생산했는지도 모르는 정보의 홍수 속에 속절없이 떠밀려 가는 그런 시대에 우리는 살고 있다. 누구는 그 정보를 바탕으로 이익을 취하게 되고, 그만큼 다른 일부는 분명 손해를 보게 되는 것이 이치이기 때문이다.

가짜와 진짜가 구분되지 않는 사회, 가짜와 진짜를 구분하지 못하는 당신과 나, 당신이 알고 있는 정보가 가짜인가? 내가 보고 있는 것이 가짜인가? 올바른 세계관이 정립되지 않은 상태에서 받아들이는 정보는 그 정보에 의해 자기 자신이 흔들리게 되고, 자기도 모르게 흐르는 물속으로 빨려 들어가 헤어나지 못하게 된다. 그것이 흙탕물 정보에 침몰하는 진짜의 모습이지 않을까.

가짜가 진짜보다 더 빛나는 시대는 암흑의 시대다. 온갖 가짜들이 판치는 지금이 그런 시대라고 하면 너무 나간 것일까. '가까이서 야하게 빛나는 건 별이 아니' 라는 문영규 시인의 시 한 편 읽으며 내가 지금 알고 있는 것이 가짜인가 진짜인가 생각해 본다. 지금도 내 눈앞에서 야하게 빛을 내며 나를 유혹하는 것들이 한둘 아니다.

도시에서 태어난 네 살 박이 딸아이는
아직 별을 모릅니다 아니
아직 가르치지 못했다고 해야 옳겠습니다
벌 그림을 보고 별이라고도 하고
별 그림을 보고 벌이라고도 합니다
그래서 확실하게 별을 보여 주려고
저녁때 딸애를 데리고 옥상에 올라갔습니다

얘야 저기서 반짝이는 것이 별이란다
졸고 있는 듯한 몇 개의 별을 가리킵니다
아빠 그럼 저기서 반짝이는 것이 다 별이야?
가로등이랑 자동차 불빛 네온 불빛을 가리키며
딸아이가 말합니다

아니야 그건 별이 아니고 불이란다
그럼 어떻게 생긴 게 별이야?
하늘 높은 데서 아름답게 반짝이는 것이 별이지
그럼 저기 있는 것은 뭐야?
딸아이는 지평선 가까이서 가물거리는 별을 가리킵니다
응 그것도 별이지
치 — 높은 데서 아름답게 빛난다 하더니……
난 불빛이 더 좋아

그래 요즘엔 별들이 점점 바래어가는구나
예전엔 별들이 정말 아름다웠단다
지금 별들이 저렇게 희미한 건
우리들의 하늘이 너무나 흐려있기 때문이야
그렇지만 별들은 늘 같은 밝기로 별자리를 지킨단다
무엇보다 중요한 건 저렇게 가까이서 야하게
빛나는 건 별이 아니라는 사실이야

—「별 이야기」 전문

*출처 : 객토문학 12집 『희망을 찾는다』(2015, 도서출판 갈무리)

■ 『객토문학』 동인지 및 동인의 책

동인지 및 기획시집

- 제1집 『오늘 하루만큼은 쉬고 싶다』 도서출판 다움(2000)
- 제2집 『퇴출시대』 도서출판 삶이보이는 창(2001)
- 제3집 『부디 우리에게도 햇볕정책을』 도서출판 갈무리(2002)
- 배달호 노동열사 추모 기획시집 『호루라기』 도서출판 갈무리(2003)
- 제4집 『그곳에도 꽃은 피는가』 도서출판 불휘(2004)
- 제5집 『칼』 도서출판 갈무리(2006)
- 한미FTA 반대 기획시집 『쌀의 노래』 도서출판 갈무리(2007)
- 제6집 『가뭄시대』 도서출판 갈무리(2008)
- 제7집 『88만원 세대』 도서출판 두엄(2009)
- 제8집 『각하께서 이르기를』 도서출판 갈무리(2011)
- 제9집 『소』 도서출판 갈무리(2012)
- 제10집 『탑』 도서출판 갈무리(2013년)
- 제11집 『통일, 안녕하십니까』 도서출판 갈무리(2014년)
- 제12집 『희망을 찾는다』 도서출판 갈무리(2015년)
- 제13집 『꽃 피기전과 핀 후』 도서출판 갈무리(2016년)
- 제14집 『봄이 온다』 도서출판 갈무리(2018)
- 제15집 『가까이서 야하게 빛나는 건 별이 아니다』 도서출판 두엄(2019)

동인의 책

- 문영규 유고시집 『나는 안드로메다로 가겠다』(2016) 외
- 박덕선 시집 『꽃도둑』(2017)
- 배재운 시집 『맨얼굴』(2009)
- 이규석 시집 『갑과 을』(2018) 외
- 이상호 시집 『깐다』(2015) 외
- 정은호 시집 『방바닥이 속삭인다』(2019) 외
- 최상해 시집 『그래도 맑음』(2016)
- 허영옥 시집 『그늘의 일침』(2017)
- 표성배 시집 『은근히 즐거운』(2015) 외

  시산문집 『미안하다』(2017)